编委会

主 编：李 唯
编委会：黄蓓红 王 杰 吴湘梅 范营媛
        王凯莉 饶珊珊 何佳华 曹 聪
        胡 禛 杨秋玲 李亚文 毛婷婷
        黄茹燕 陈怀超

你的声音很动听

李唯◎主编

中国大百科全书出版社　知藏出版社

图书在版编目（CIP）数据

你的声音很动听 / 李唯主编 . -- 北京：知识出版社，2023.1

（小学生生命关怀书系）

ISBN 978-7-5215-0117-9

Ⅰ . ①你… Ⅱ . ①李… Ⅲ . ①心理健康 - 健康教育 - 小学 - 教学参考资料 Ⅳ . ① G44

中国版本图书馆 CIP 数据核字（2020）第 002526 号

你的声音很动听　　李　唯　主编

出 版 人：姜钦云

责任编辑：王云霞

责任印制：李宝丰

出版发行：知识出版社

地　　址：北京市西城区阜成门北大街 17 号

邮　　编：100037

网　　址：http://www.ecph.com.cn

电　　话：010-88390659

印　　刷：天津光之彩印刷有限公司

开　　本：650 毫米 ×920 毫米　1/16

字　　数：60 千字

印　　张：10

版　　次：2023 年 1 月第 1 版

印　　次：2023 年 3 月第 1 次印刷

书　　号：ISBN　978-7-5215-0117-9

定　　价：25.00 元

"小学生生命关怀书系"序言

李唯校长和她的同事们秉承"生命关怀为本、幸福发展至上"理念所编著的"小学生生命关怀书系"即将出版，可喜可贺。李校长嘱托我写序，我对这套书系所涉猎的主题也十分感兴趣，特坦言两点体会，以作交流。

一、关怀的关键在于关怀关系的建立

主张教育要"生命关怀为本"是非常正确的；但是，广大教育工作者需要谨记在心的是：关怀的关键在于关怀关系的建立。

关怀并不是一种事先就存在的事物，关怀只会发生在关怀关系之中。美国著名教育哲学家内尔·诺丁斯所言"关怀是一种关系"，最大的理论贡献即在这里。若教师或者学生只是在单方面"想"关怀他人，或者只是单方面按照自己的想象去开展所谓"关怀"他人的活动，关怀十有八九不会真实发生。许多关怀失败的教师、家长都抱怨学生说，自己为孩子们"操碎了心"，孩子们却一丁点儿都不领情，所以孩子都是"白眼狼"。殊不知，问题不在学生，而在教育者自身的所谓关怀并没有建立在真正的"关怀关系"之上。一个不能设身处地站在对方（被关怀者）立场上想问题，不能真正理解、切实感动、有效帮助到对方，不能让对方"有获得感"的人，是不可能实施有效关怀的。

所以，重点不是要不要关怀，而是如何实现有效的关怀。关怀教育不是单方面的认知、情感的品德培育，关怀能力提升的关键在于培育关怀者实现"动机移置"，建立关怀关系的意识、情感与能力。

二、幸福生活是对肤浅快乐的超越

幸福生活是人生的终极追求，当然也是教育的根本目标。

"幸福发展至上"的理念是完全正确的。理解幸福的关键在于：幸福生活应当是对肤浅快乐的超越。

在日常生活里，许多人将幸福与快乐相等同。喝一瓶啤酒也"幸福死啦"，故儿童的幸福有可能就是满地撒欢那种令人感动的感性的"欢快"。如果这样理解幸福，幸福的教育就会让孩子在快感中沉沦，真正的教育永远都不会发生。

应该承认，完整的童年是需要"快乐"，包括游戏等的快乐的；但教育最需要提供的，不是肤浅的快乐，而是精神的愉悦。"幸福发展"一方面是身心健康、劳逸结合、自由个性意义上的"全面发展"；另一方面，也许更重要的应当是：孩子通过教育愉快学习，进而通过愉快学习获得精神上的享用——孩子们当下就能获得对已有人类文化的欣赏、掌握的愉悦，更有创造新文化、推进新文明的幸福。因此，教育活动追求内容与形式上的"美感"十分重要。因为在对教育内容与形式之美的欣赏中，孩子们获得的一定是精神意义上的幸福感。

由衷希望"小学生生命关怀书系"对"生命关怀为本、

幸福发展至上"理念的用心坚持能够对有相同追求的教育界同人有借鉴意义。

檀传宝

2021 年 2 月 24 日　于京师园三乐居

（檀传宝，北京师范大学教育学部教授、学部学术委员会主席，北京师范大学公民与道德教育研究中心主任，全国德育学术委员会理事长）

倾听

听只需要用耳朵去听

倾听则需要用全部身心去感受

听可以是不经意地听见了

倾听则需要通过思维活动去认知

听见了不一定会回答

倾听则一定是"所答即所问"

听接收到的是表面的言语信息

倾听则能够感受到述说者内心不可言说的秘密……

倾听是认真地听

倾听是积极地听

倾听是关注地听

倾听是尊重

倾听是理解

倾听是接纳

倾听是设身处地的关怀和爱……

——李唯

2

目 录

第一课
dì yī kè

听！身体有话对你说
tīng shēn tǐ yǒu huà duì nǐ shuō

tóng xué men，nǐ men tīng dào guo shēn
同学们，你们听到过身

tǐ de shēng yīn ma？shēn tǐ yǒu gè zhǒng gǎn
体的声音吗？身体有各种感

jué，zhè xiē gǎn jué jiù shì shēn tǐ yǔ nǐ
觉，这些感觉就是身体与你

de duì huà。yì qǐ lái qīng tīng shēn tǐ duì
的对话。一起来倾听身体对

nǐ shuō le shén me ba
你说了什么吧！

嘿！多多

多多吃了太多冰激凌，生病了，躺在床上闷闷不乐。突然，他看到窗台上飞来一只猫头鹰。猫头鹰说："多多，你要学会倾听身体的声音，和身体对话。"多多说："和身体对话？我能和爸爸妈妈对话，和邻居张爷爷家的鹦鹉对话。但和身体对话，这怎么可能？"

猫头鹰轻声说："用心。"他金褐色的眼睛盯着多多，多多渐渐觉得内心非常宁静。多多睡着了，他做了一个梦，梦里他的身体会说话。

叽叽喳喳……

"谁呀谁呀？"

"嘿！多多。我是无敌小钻风，上个月刚在你的门牙里安了家。亲爱的朋友，感谢你的款待，草莓冰激凌的味道好极了……"

多多："呃，我又忘记刷牙了……"

咚咚咚……

"谁呀谁呀？"

"嘿！多多。我是心脏。我就像汽车发动机，负责把燃料运送到身体各处，这些燃料就是血液。每天 24 小时，我都在为你工作。我有一个愿望，不知道你能不能答应。"

多多说："什么愿望呢？"

心脏说："发动机也是要保养的，我希望你以后晚上早些睡觉。"

多多说："好，我答应你。"

咕噜噜咕噜噜……

"谁呀谁呀？"

"嘿！多多。我是你的胃啊。我每天都在默默地消化食物，但我也有不堪重负的时候。前天你吃了好多炸鸡和饼干，我就像气球一样被撑得鼓鼓的，直到深更半夜也没消化完那些食物。今天你又吃了那么多冰凉冰凉的冰激凌……"

胃说着说着便一抽一抽地哭起来了……

多多愧疚地挠挠头，说："对不起，我以后会注意的。"

第二天早上多多醒来，猫头鹰早已不见了。多多对着空空的窗台说：

“我明白了，要用心去倾听身体的声音。”

小组合作

小组交流讨论

（1）你能听到自己身体的声音吗？它在说什么？

_____

_____

_____

（2）怎样才能听到身体的声音呢？

_____

_____

_____

活动坊

hé shēn tǐ duì huà
和身体对话

shēn tǐ duì nǐ shuō 身体对你说	nǐ duì shēn tǐ shuō 你对身体说

拓展营

拓展 1：情绪和身体感受

你知道吗，情绪和身体感受就像一对双胞胎，他们整日形影不离。你一定听说过一些成语，比如怒发冲冠、七窍生烟。你可能听妈妈讲过："你不好好写作业，气得我肚子疼。"这些都是指情绪感受对身体的影响。那身体对情绪有没有影响呢？我们来试一试！

请你用两种不同的身体动作对着镜子说同一句话："我回来了。"第一种：握紧拳头，下颌紧绷，说出"我回来了"。第二种：全身放松，对着镜子微笑，说出"我回来了"。请你体会一下这两种情形，内心感受有没有什么不同？

10

拓展 2：身体小实验

（1）永不休息的心脏

把手贴向自己的胸口，数一数在一分钟内自己的心脏跳动多少下。再去做做运动，比如跑步、跳绳、爬楼梯等，然后再记录一下一分钟内心脏跳动多少下。你有什么发现？

（2）肺部的工作

准备两个气球、两根吸管和胶带。两个气球象征身体中的左肺和右肺。把两根吸管插入两个气球进气口，然后用胶带固定好。含住吸管，大口地吸气呼气，感受气球的膨胀和缩小。想一想，你吸气时肺部会变大还是变小？呼气时呢？

11

同学们，你们了解劳动的重要性吗？劳动创造财富，劳动和我们的生活形影不离。

劳动才是金

从前有一个勤劳的老农夫，一生勤勤恳恳，攒下了很多的财富。当他年老体弱死亡将近时，他把他的几个孩子叫到床前，郑重地交代遗言。

老农夫对着他的孩子断断续续地说："在任何时候，你们都要记住，千万，千万不能变卖咱们的祖田……因为咱们家的祖田里埋着一个宝藏。我也不知道埋在哪儿，但是我相信你们一定会找到宝藏。只要你们不怕辛劳，就会很容易找到。等秋收结束后，你们就去翻掘田地，记得要掘，要挖，要铲，每寸土地都不能放过，要一翻再翻……"

这位老农夫不久就去世了，他的孩子们遵守父亲的遗言，等到秋收之后，按照父亲的方法把地翻了一遍又一遍，接着在翻过的田地里种上了麦子。

一直到第二年，孩子们在这田地里什么财宝也没有找到。不过地里的收成却比往年要好得多！沉甸甸的麦穗，在风中频频点头。

宝藏始终没有被发现，但是父亲并没欺骗他们，他聪明地暗示孩子们：劳动就是活的宝藏！

xiǎo zǔ hé zuò
小组合作

xiǎo zǔ jiāo liú tǎo lùn
小组交流讨论

tǔ dì lǐ zhēn de yǒu bǎo zàng ma
（1）土地里真的有宝藏吗？

_____

nóng fū wèi shén me yào shuō tǔ dì lǐ yǒu bǎo zàng ne
（2）农夫为什么要说土地里有宝藏呢？

_____

zhè gè gù shì gào sù wǒ men shén me dào lǐ ne
（3）这个故事告诉我们什么道理呢？

_____

kāi dòng nǎo jīn xiǎng yī xiǎng cóng jīn yǐ hòu wǒ men zěn
（4）开动脑筋想一想，从今以后，我们怎
yàng zuò cái néng ràng láo dòng chéng wéi shēng huó zhōng de xí guàn
样做才能让劳动成为生活中的习惯？

_____

活动坊

活动：演一演

qǐng nǐ bàn yǎn nǐ zuì xǐ huān de zhí yè　　 gēn nǐ de tóng xué men shuō
请你扮演你最喜欢的职业，跟你的同学们说

yi shuō　　 nǐ wèi shén me xǐ huān zhè gè zhí yè
一说，你为什么喜欢这个职业。

tuò zhǎn yíng

拓展营

tuò zhǎn　　 shuō yi shuō
拓展 1：说一说

cǎi fǎng bà ba mā ma　　 liǎo jiě yí xià tā men gōng zuò dāng
（1）采访爸爸妈妈，了解一下他们工作当

zhōng de lè qù hé kùn rǎo　　 tā men de gōng zuò wèi shè huì dài lái le shén me
中的乐趣和困扰。他们的工作为社会带来了什么

gǎi biàn
改变？

shuō shuo nǐ zài jiā huì hé bà ba mā ma yì qǐ zuò nǎ xiē
（2）说说你在家会和爸爸妈妈一起做哪些

jiā wù
家务？

比比谁最棒

游戏：我是整理书桌小能手

要求：把书桌上的东西分类，把书按大小顺序放整齐。

láo dòng shì shēn tǐ de xū yào　　　láo dòng chuàng zào yí qiè měi hǎo de shì
劳 动 是 身 体 的 需 要 ， 劳 动 创 造 一 切 美 好 的 事
wù　　　ràng wǒ men cóng jīn tiān qǐ zuò yí gè rè ài láo dòng　　　rè ài shēng huó
物 ， 让 我 们 从 今 天 起 做 一 个 热 爱 劳 动 、 热 爱 生 活
de hái zǐ　　　yì qǐ chuàng zào shēng huó zhōng de měi hǎo ba
的 孩 子 ， 一 起 创 造 生 活 中 的 美 好 吧 ！

wán shuǎ cháng cháng bèi rèn wéi shì làng fèi
玩 耍 常 常 被 认 为 是 浪 费
shí jiān de xíng wéi dàn shì yǒu hěn duō
时 间 的 行 为 ， 但 是 ， 有 很 多
wěi dà de fā míng dōu shì zài wán shuǎ zhōng chǎn
伟 大 的 发 明 都 是 在 玩 耍 中 产
shēng de nǐ men zhī dào zhēng qì jī shì zěn
生 的 。 你 们 知 道 蒸 汽 机 是 怎
me fā míng chū lái de ma
么 发 明 出 来 的 吗 ？

瓦特和蒸汽机

在瓦特的故乡——格林诺克的小镇上，家家户户都是生火烧水做饭。对这种司空见惯的事，有谁会留心呢？瓦特就留心了。他在厨房里看祖母做饭，灶上坐着一壶开水，开水在沸腾，壶盖啪啪作响，不停地往上跳动。瓦特观察好半天，感到很奇怪，猜不透这是什么缘故，就问祖母：
"是什么使壶盖跳动呢？"

祖母回答说："水开了，就这样。"

瓦特没有满足，又追问："为什么水开了壶盖就跳动？是什么东西在推动它呢？"

祖母可能太忙了，没有工夫搭理他，便不耐烦地说："不知道。小孩子刨根问底地问这些有什么意思呢。"

瓦特在他祖母那里不但没有找到答案，反而受到了批评，心里很不舒服。可他并不灰心。连续几天，每当做饭时，他就蹲在火炉旁边细心地观察着。起初，壶盖很安稳，隔了一会儿，水要开了，发出哗哗的响声。

蓦地，壶里的蒸汽冒出来，推动壶盖跳动了。蒸汽不住地往上冒，壶盖也不停地跳动着，好像里边藏着个魔术师，在变戏法似的。瓦特高兴了，几乎叫出声来，他把壶盖揭开又盖上，盖上又揭开，反复验证。他还把杯子、调羹遮在蒸汽喷出的地方。瓦特终于弄清楚了，原来是蒸汽在推动壶盖跳动。这蒸汽的力量还真不小呢。

蒸汽给了瓦特非常大的启示！蒸

汽推动壶盖跳动的物理现象，不正是瓦特发明蒸汽机的认识源泉吗？

xiǎo zǔ jiāo liú tǎo lùn
小组交流讨论

tóng xué men   nǐ men zài wán yóu xì shí huì tǐ huì dào nǎ
（1）同学们，你们在玩游戏时会体会到哪

xiē lè qù ne
些乐趣呢？

_____

_____

_____

wǎ tè wèi shén me néng fā míngzhēng qì jī
（2）瓦特为什么能发明蒸汽机？

_____

_____

_____

活动坊

活动 1：玩一玩

看数说口诀

【游戏目的】在游戏中快速记住乘法口诀。

【游戏用具】标有数字 1—9 的卡片各两张。

【游戏人数】两人。

【游戏规则】

（1）比赛的两人手中各拿标有 1—9 的数字卡片，打乱顺序，背面朝上。

（2）两人各拿出一张卡片，同时翻开，看谁先说出卡片上的两个数组成的乘法口诀。例如：两张卡片分别是 8 和 4，学生快速说口诀"四八三十二"。

（3）谁先答对，两张卡片都归谁；同时答对，两人各得一张卡片；都答错卡片作废。

28

（4）最后，比赛者统计自己的卡片数量，卡片多者获胜。

活动 2：做一做

有孔纸托水

思考：有孔的纸为什么能托住水？

材料：瓶子一个、大头针一个、纸片一张、有色水一满杯。

操作：

（1）在空瓶内盛满有色水。

（2）用大头针在白纸上扎许多孔。

（3）用有孔纸片盖住瓶口。

（4）用手压着纸片，将瓶倒转，使瓶口朝下。

（5）将手轻轻移开，纸片纹丝不动地盖住瓶口，而且水也未从孔中流出来。

讲解：薄纸片能托起瓶中的水，是因为大气压强作用于纸片上，产生了向上的托力。小孔不会漏出水来，是因为水有表面张力，水在纸的表面形成一层薄膜，使水不会漏出来。

拓展营

拓展 1：说一说

同学们，今天木工们所用到的锯子就是鲁班看到草叶边缘锯齿的形状后受到启发而发明出来的。在我们生活中还有哪些神奇有趣的发明呢？请你试着观察并说一说。

拓展 2：做一做

同学们，只玩耍不学习是不好的，所以我们需要有一个良好的作息习惯，需要有明确的作息时间。请跟爸爸妈妈一起设计一份属于自己的作息时间表。

shí jiān 时 间	zhōu yī zhì zhōu sì 周 一 至 周 四	zhōu wǔ 周 五	zhōu liù 周 六	zhōu rì 周 日

wǒ de zuò xī shí jiān biǎo

我 的 作 息 时 间 表

倾听身体的声音

同学们，你知道身体会说话吗？知道身体会传递能量吗？知道"心"是身体的主人吗？今天，老师要带你们倾听来自身体的声音。

活动 1：身体音阶歌

用手拍身体不同的部位，并说"我"，让学生模仿。音高随着手放在身体不同的部位而变化，从脚到头依次变高，"do、re、mi、fa、

34

sol、la、si”，让学生在身体的运动中体会音乐的音高和节奏。

活动 2：体验生命的律动

在教室中，先让学生摸摸自己的脉搏，感受它的跳动。再让他们摸摸自己的心脏，感受它的跳动，在心里数一下它一分钟内跳了多少下。

在运动场上，让学生体验一下奔跑到气喘吁吁的感觉，跑到精疲力竭时，感受自己的心跳与呼吸。（注意班上同学的身体素质，是否适合剧烈运动。）

第四课

dì sì kè

你会听讲吗？

nǐ huì tīng jiǎng ma

当你用专注的目光看着老师，老师也会回应你以专注；当你认真倾听老师的话语，你会发现自己畅游在更加广阔的知识海洋中。

群鸟学艺

许多鸟听说凤凰会搭窝，就都到她那里去学习。

凤凰说："学东西要专注，特别是要认真地听老师是怎么讲的，不然什么也学不成。"

话刚开个头，猫头鹰想："废话真多，凤凰不过是长得漂亮，不见得

有什么本事。没什么好学的！”然后

猫头鹰闭着眼睛在课堂上睡着了。

凤凰接着说："把叼来的树枝一

层层地垒起来……"刚说到这儿，乌

鸦插嘴道："原来就是垒树枝呀，我

知道了。"

乌鸦开始得意地翻找脚下的树

木，想找到自己爱吃的小虫子。

凤凰又往下说："这种窝不算

好。要想住得安稳一些，应该把窝搭

在屋檐下，不怕风，不怕雨……"

最后只剩下小燕子在那里认真地

听，凤凰对小燕子说："搭这样的窝

要不怕苦，不怕累，要先叼泥，用唾液把泥拌匀了，再一层一层地垒起来，然后叼些毛和草铺在窝里。这样的窝住着才舒服呢！"

小燕子听完后，非常高兴，谢过凤凰，回去就按凤凰所说的方法搭建了最好的鸟窝。

虽然许多鸟都向凤凰学过搭窝，可是只有燕子的窝搭得最好，漂亮、结实，而且很舒适。

xiǎo zǔ hé zuò
小组合作

xiǎo zǔ jiāo liú tǎo lùn
小组交流讨论

xiǎo yàn zi wèi shén me huì dā chū zuì shū shì piāo liàng de wō
（1）小燕子为什么会搭出最舒适漂亮的窝？

_____

_____

_____

rú guǒ shì nǐ　　nǐ xiǎngchéng wéi nǎ zhǒng niǎo ne
（2）如果是你，你想成为哪种鸟呢？

_____

_____

_____

活动坊

活动 1：演一演

全班分成几个小组，进行角色扮演活动。

角色一：老师（1人）

任务：准备一个小故事或者一道数学题为同组的同学进行讲解。

角色二：学生（3-4人）

任务：认真听老师讲的内容并积极举手回答老师提出的问题。

完成后可以进行角色互换。

活动 2：说一说

说一说自己当小老师的感受。

（1）当同学认真倾听并积极回答你的问题时，你的感受是什么？

（2）当同学不认真听你讲课甚至还做其他事情的时候，你的感受是什么？

拓展营

拓展 1：做一做

请学生听一则名为《黑熊和棕熊赛蜜》的故事。故事中会多次出现"蜜蜂"和"蜂蜜"这两个词。每当听到"蜜蜂"时，男同学起立，女同学坐着；听到"蜂蜜"时，女同学起立，男同学坐下。

qǐng huí dá yǐ xià zhè dào shù xué tí   bù néng yòng zhǐ bǐ yo
请回答以下这道数学题，不能用纸笔哟。

tīng hǎo le   yǒu yí liàng gōng jiāo chē kōng chē cóng zǒng zhàn chū fā
听好了！有一辆公交车空车从总站出发，

dào le yí zhànshàng le   rén   yòu xià le   rén
（1）到了一站上了5人，又下了3人；

dào le lìng wài yí zhànshàng le   rén   zhè cì wú rén xià chē
（2）到了另外一站上了6人，这次无人下车；

xià yí zhàn yòu shàng le   rén   xià le   rén
（3）下一站又上了5人，下了2人；

dào le lìng yí zhàn yòu shàng le   rén   méi yǒu rén xià chē
（4）到了另一站又上了1人，没有人下车；

dào le xià yí zhàn méi yǒu rén shàng chē   xià le   rén
（5）到了下一站没有人上车，下了6人。

wèn   gōng jiāo chē jīng guò le   jǐ zhàn   chē shàng yǒu duō shǎo rén
问：公交车经过了几站？车上有多少人？

第五课
倾听爸妈的爱

47

都说爸爸妈妈是这个世界上最爱我们的人，你感受到了吗？倾听是最好的交流，让我们一起在倾听中感受爸爸妈妈的爱吧。

48

爱的唠叨

刚过完 8 岁生日的小明，觉得自己已经是一个大孩子了，可是爸爸妈妈的唠叨经常令他很苦恼，例如"小明，多穿点衣服""小明，走路的时候小心"等。

这天电视里天气预报说第二天将会有寒流，爸爸妈妈听到后立马提醒小明要多穿一点。小明听后不以为然，认为这几天天气明明很好，爸妈肯定又在小题大做。

第二天出门前，小明偷偷把妈妈给他加进去的衣服脱掉了。结果真的降温了，冻了一天的小明回来就感冒

发烧了。生病的小明难受不已，看着爸爸妈妈给他买药、烧水，为他忙前忙后的，更加难过了。他心想，要是早点听爸爸妈妈的话就好了！于是他主动向爸妈坦白了自己感冒的原因，爸妈知道后语重心长地告诉小明，其实他们每天的唠叨都是为了他好，发着烧的小明此刻终于明白了爸妈的良苦用心。

从此之后，小明再也不觉得爸爸妈妈的唠叨很烦了，因为他明白了，爸爸妈妈的唠叨都是为他好，这些都是爸爸妈妈对他的爱。

小组合作

小组交流讨论

xiǎo míng de bà ba mā ma jīng cháng gēn tā láo dao shén me

（1）小明的爸爸妈妈经常跟他唠叨什么？

_____

_____

xiǎo míng méi yǒu tīng bà ba mā ma de huà　　chǎn shēng le shén

（2）小明没有听爸爸妈妈的话，产生了什

me hòu guǒ　　bà ba mā ma de láo dao shí jì shàng tǐ xiàn le shén me

么后果？爸爸妈妈的唠叨实际上体现了什么？

_____

_____

xiǎo míng hòu lái wèi shén me bù jué de bà ba mā ma de láo

（3）小明后来为什么不觉得爸爸妈妈的唠

dao hěn fán le

叨很烦了？

_____

_____

huó dòng fáng
⊚ 活动坊

huó dòng　　tán yi tán
活动：谈一谈

zài jiā lǐ　　wǒ men jīng cháng huì tīng dào bà ba mā ma de láo dao
在家里，我们经常会听到爸爸妈妈的唠叨，

nǐ de bà ba mā ma láo dao zuì duō de yí jù huà shì nǎ yí jù ne
你的爸爸妈妈唠叨最多的一句话是哪一句呢？

guò mǎ lù yào xiǎo xīn　　yào jì de hóng dēng tíng lǜ dēng xíng
（1）过马路要小心，要记得红灯停绿灯行。

duō chī diǎn fàn　　bú yào tiāo shí
（2）多吃点饭，不要挑食。

bú yào kàn diàn shì le　　kuài diǎn zuò zuò yè
（3）不要看电视了，快点做作业。

tiān qì lěng le　　duō chuān diǎn yī fu
（4）天气冷了，多穿点衣服。

kuài qù xiě zuò yè
（5）快去写作业！

nǐ zuò yè xiě wán le ma
（6）你作业写完了吗？……

zài bān lǐ diào chá yí xià　　nǎ jù huà bà ba mā ma shuō dé zuì duō
在班里调查一下，哪句话爸爸妈妈说得最多。

qǐng hé tóng xué men tǎo lùn　　bà ba mā ma wèi shén me yào zhè yàng láo
请和同学们讨论，爸爸妈妈为什么要这样唠

dao wǒ men
叨我们？

53

拓展营

拓展 1：做一做

做比说更有力量。除了写出对爸爸妈妈想说的话之外，今晚回家之后不妨用以下行动来向他们表达吧！

（1）给爸爸妈妈倒杯茶，并向他们说："你们辛苦了！"

（2）帮爸爸妈妈做一些力所能及的家务活，比如扫地、擦桌子等。

（3）把在学校里发生的精彩故事与爸爸妈妈分享。

（4）给爸爸妈妈一个吻。

拓展 2：想一想

《三毛流浪记》中的三毛是旧上海的一名流浪儿童，他没有家，也没有亲人。他无家可归，衣食无着。吃饭只能吃贴广告用的糨糊，睡觉只能睡在垃圾车里，到了冬天，没有棉被，只能把破麻袋盖在身上御寒。为了生存下去，他卖过报纸，拾过烟头，还帮别人推过黄包车，但他总是受人欺侮，挣到的钱连吃顿饱饭都不够。

想一想：

故事中的三毛为什么过着吃不饱穿不暖的生活？

结合前面《爱的唠叨》这篇文章，请谈谈你的体会。

tóng xué men xiāng xìn nǐ men měi gè rén
同学们，相信你们每个人

dōu yǒu hǎo péng you nà nǐ men hé hǎo péng you
都有好朋友，那你们和好朋友

shì rú hé xiāng chǔ de ne nǐ men zhī dào rú
是如何相处的呢？你们知道如

hé cái néng ràng yǒu yì de xiǎo chuán háng xíng de gèng
何才能让友谊的小船航行得更

jiā wěn jiàn ma
加稳健吗？

好朋友

杰克和朋友约翰相约一起去沙漠中旅行。在旅途中的某天，他们为了一件小事吵架了，说了一些伤人的话，杰克还给了约翰一记耳光。约翰觉得深受屈辱，一个人走到帐篷外，一言不发地在沙子上写下："今天我的好朋友杰克打了我一巴掌。"

他们继续往前走，一直走到了沃野，才停下来饮水和洗澡。约翰掉进了河里差点淹死，幸好被杰克救出来了。约翰拿了一把小剑在石头上刻了："今天我的好朋友救了我一命。"

杰克看到约翰的举动，很好奇，问："为什么我打了你以后，你要把那件事写在沙子上，而现在却要把救你的事刻在石头上呢？"

约翰笑着回答说："当被一个朋友伤害时，要把它写在易忘的地方，风会抹去它；相反地，如果得到帮助，我们要把它刻在心灵深处，在那里，任何风都不能磨灭它。"听了约翰的话，杰克深受感动，并为自己打了约翰而十分愧疚。

朋友相处时，伤害往往是无心的，帮助却是真心的，忘记那些无心的伤害；铭记那些真心帮助你的人，你会发现这世上有很多真心对你的朋友。

小组合作

小组交流讨论

（1）你觉得杰克吵架时打人巴掌，对吗？如果你是杰克，你接下来会怎么做？

_____

_____

（2）为什么约翰把杰克打他的事情写在沙子上，而把杰克救他的事情刻在石头上？

_____

_____

（3）你的朋友有没有做过让你难过的事情呢？你是怎么做的呢？

_____

_____

_____

活动坊
huó dòng fáng

活动：忆一忆
huó dòng yì yi yì

请同学们深呼吸后，静静欣赏一段优美的
qǐng tóng xué men shēn hū xī hòu, jìng jìng xīn shǎng yī duàn yōu měi de

音乐。
yīn yuè

回忆一下你和你的好朋友争吵时，你是怎样
huí yì yí xià nǐ hé nǐ de hǎo péng you zhēng chǎo shí, nǐ shì zěn yàng

的心情？你和你的好朋友相处最愉快的时候，你
de xīn qíng? nǐ hé nǐ de hǎo péng you xiāng chǔ zuì yú kuài de shí hou, nǐ

又是什么样的心情呢？
yòu shì shí me yàng de xīn qíng ne

对比一下两种心情，想一想，要是时光可以
duì bǐ yí xià liǎng zhǒng xīn qíng, xiǎng yi xiǎng, yào shì shí guāng kě yǐ

倒流到你与好朋友争执的时候，你还会和当时一
dǎo liú dào nǐ yǔ hǎo péng you zhēng zhí de shí hou, nǐ hái huì hé dang shí yi

样争吵吗？
yàng zhēng chǎo ma

拓展 1：说一说

红红最近遇到了一道难题，她的好朋友林林最近很喜欢玩游戏，每天作业也不做，课也不好好听，连视力都变差了。她不知道应不应该劝一劝林林？因为每次一说起不要玩游戏的话，林林就很不高兴。可是要是不提醒林林，林林之后一定会沉迷游戏越来越严重的。

如果你是红红，你会怎么做呢？

jiǎ rú　　zán men bān zuì jìn lái le yì míng xīn tóng xué　　tā de xiāng
假 如， 咱 们 班 最 近 来 了 一 名 新 同 学， 他 的 乡

yīn yǒu xiē zhòng　　tā shuō huà de shí hou　　bān shàng tiáo pí de xué shēng cháng cháng
音 有 些 重， 他 说 话 的 时 候， 班 上 调 皮 的 学 生 常 常

huì xué tā shuō huà　　tā jiù yǒu xiē hài xiū　　bú yuàn yì kāi kǒu shuō huà
会 学 他 说 话， 他 就 有 些 害 羞， 不 愿 意 开 口 说 话。

dàn shì tā hěn dǒng lǐ mào　　zǒng shì miàn dài wēi xiào　　jīng cháng huì bāng zhù dà
但 是 他 很 懂 礼 貌， 总 是 面 带 微 笑， 经 常 会 帮 助 大

jiā dǎ sǎo wèi shēng　　nǐ yuàn yì hé tā zuò péng you ma　　yào shì nǐ xiǎng hé
家 打 扫 卫 生。 你 愿 意 和 他 做 朋 友 吗？ 要 是 你 想 和

tā chéng wéi péng you　　nǐ kě yǐ zěn me zuò ne
他 成 为 朋 友， 你 可 以 怎 么 做 呢？

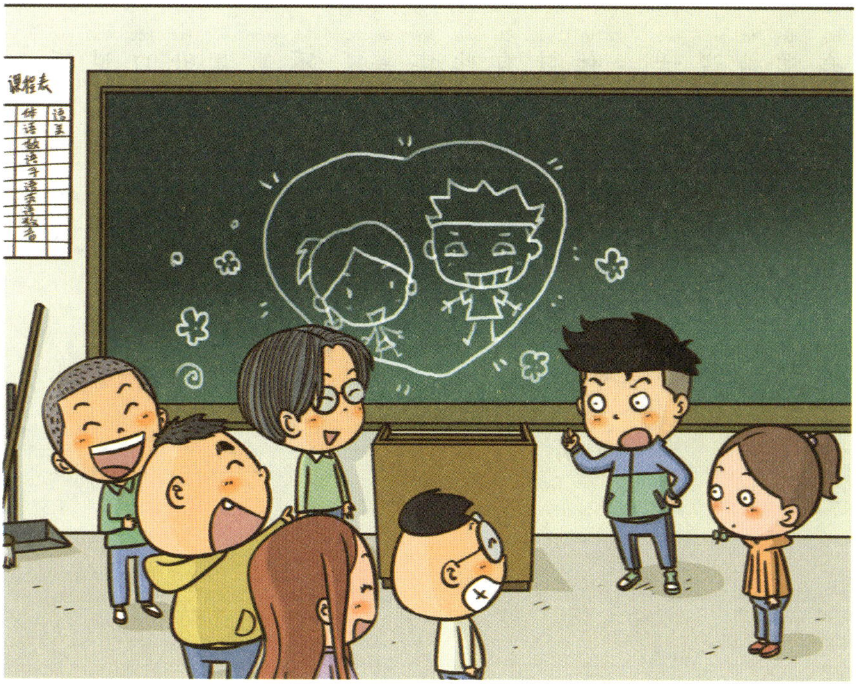
课程表

活动园地（二）

huó dòng yuán dì

话剧表演

内容简介：

田壮壮因为被班上的同学嘲笑肥胖而伤心难过，后来，在父母的安慰、老师的调解以及朋友的帮助下，她重拾信心，并且开始培养良好的生活习惯。

jué sè

角色：

tián zhuàng zhuang nǚ piān pàng jiào tān chī
田壮壮：女，偏胖，较贪吃。

tián bà ba háo shuǎng dà fang shí fēn téng ài nǚ ér
田爸爸：豪爽大方，十分疼爱女儿。

tián mā ma xì xīn wēn róu yōng yǒu yì shǒu hǎo chú yì
田妈妈：细心温柔，拥有一手好厨艺。

fāng xiǎo měi nǚ jiāo měi líng lì kāi lǎng huó pō
方小美：女，娇美伶俐，开朗活泼。。

zhāng dà shān nán tān wán hǎo dòng bǐ jiào tiáo pí
张大山：男，贪玩好动，比较调皮。

sòng lín lin nǚ chuān zhuó piāo liang shí máo ài měi
宋琳琳：女，穿着漂亮时髦，爱美。

bān zhǔ rèn nǚ wēn róu dà fāng shàn jiě rén yì
班主任：女。温柔大方，善解人意。

第一场 （地点：教室）

[序曲]

在欢快的乐曲声中，同学们背着书包陆续进教室。

[开场]

田壮壮背着书包，一手拿着妈妈做的包子，高高兴兴地来到了教室。张大山风风火火地从外面跑进来，撞到了田壮壮，壮壮手上的包子一下子掉在了地上。

田壮壮：（几乎要哭出来了）：大山你干吗呀，你把我的包子都撞到地上了。

张大山：（不以为然）：你都胖成一只猪了，还一直吃！

田壮壮：（脸涨得通红）：你瞎说什么？

张大山：肥猪，肥猪！

[田壮壮一下子哭了出来，张大山看到壮壮哭了，有点慌了神，但没有道歉，只是撇了撇嘴，回到了自己的座位上；田壮壮也回到了自己的座位上，趴在座位上闷闷不乐。

方小美：（走进教室，看到了趴在座位上正在哭泣的田壮壮）：壮壮，你怎么啦？为什么不开心？

[田壮壮摇了摇头，没有回答。

[同学们渐渐来到了教室，看到趴在座位上伤心的壮壮，都来到她的座位旁边关心询问，但是壮壮还是没有说话。后来，同学们又陆陆续续回到自己的座位上，开始早读。

[不一会儿，班主任来到了教室，也看到了伤心的壮壮，于是蹲在壮壮旁边，耐心地询问她。

班主任：壮壮，你怎么啦？

[田壮壮小声哭泣，不说话。

班主任：壮壮，你有问题要跟老师说，这样老师才能帮你，是家里有什么事情发生吗？

[田壮壮摇摇头。

班主任：那是同学欺负你了吗？

田壮壮（红着眼睛）：张大山说我是肥猪！

班主任：是这样吗？你可以跟我说说具体是什么情况吗？

[田壮壮把发生的事情告诉了老师。

班主任（点了点头）：老师帮你解决，好吗？

第二场（地点：教室）

[上课铃响了，同学们陆续进教室，老师最后走进来，壮壮还趴在桌上，但情绪明显缓和了（因为同学们在课间一直安慰她，逗她开心）。

班主任：我给大家讲个故事，同学们想听吗？

同学们（同声）：想！

班主任：有一个小男孩和一个小女孩是好朋友，小女孩的个子比较矮，有一天小男孩嘲笑小女孩是个小矮子。小女孩很难过，一直在等着小男孩道歉，小男孩后来看到小女孩那么伤心，非常主动地道歉，于是他们俩又成了好朋友。你们说小男孩应不应该嘲笑小女孩？

同学们（同声）：不应该！

班主任：那么现在小男孩道歉，小女孩应不应该原谅他？

同学们（同声）：应该！

班主任：是的。我们朋友之间，同学之间都不应该因为外貌而相互嘲笑。而且，我们如果做了让朋友不高兴的事情，要主动道歉，朋友一定会原谅我们的。

[大山听了，羞愧地低下了头。

第三场（地点：教室）

张大山：（不好意思地走到壮壮旁边）：壮壮，对不起，我不应该嘲笑你。

田壮壮：没关系的。

[同学们也聚拢过来。

方小美：壮壮，其实你也不是很胖，只是稍微有点壮，只要你坚持运动，一定是个大美女。

宋琳琳：对啊，对啊！少吃零食多运动就好啦，到时候，我们一起去买漂亮的小裙子。

[田壮壮在同学们的鼓励和安慰下，重新露出了笑脸。

第四场（地点：家）

（田壮壮背着书包，蹦蹦跳跳地回到了家中，但是今天却没有一回家就吃零食。）

田爸爸（很惊讶）：壮壮，你今天怎么啦？都没有吃零食。

田壮壮：因为我要少吃零食多运动，以后就不会变得很胖。

田爸爸（更惊讶了，走到厨房）：我们宝贝女儿今天很不一样啊，自己主动说不吃零食了，怎么回事？

［田妈妈微笑着把班主任告诉她的情况和田爸爸说了一遍。

田爸爸：哎呀，小孩子胖一点多可爱啊，况且你做饭那么好吃，她忍不住多吃一点儿才会胖的嘛，班上小男孩调皮才会这样开玩笑，壮壮不

76

用减肥。

田妈妈（有些不赞同）：不是啊，小朋友也要健康饮食才行，以前就是太宠她了，才一直让她多吃，也没有注意培养她良好的饮食和锻炼习惯。现在壮壮自己愿意戒掉零食，那我们一定要好好引导她、帮助她啊。

[田爸爸想了想，点了点头。

第五场（地点：家）

（田爸爸带着田壮壮打羽毛球。）

[旁白]

孩子的心灵很脆弱，很容易受到外界的伤害。但是，正因为我们有老师的关心、父母的爱护以及朋友的关心，我们才能一直幸福快乐地生活。当然，我们也要选择正确的方法，才能帮助孩子更加健康地成长。

dì qī kè
第七课
yì huā yì cǎo jiē yǒu qíng
一花一草皆有情

同学们，你听得懂花儿的低语、鸟儿的倾诉吗？不仅仅人类有语言、有感情，动物有，植物也有。大自然的万物和人类一样，都有喜怒哀乐。让我们一起去倾听自然的声音吧！

wǒ xiǎng duì nǐ shuō
我想对你说

　　嗨，大家好！我的名字叫牵牛花，大家还可以叫我喇叭花。我一点儿也不挑剔我的生存环境，只要有泥土我就生长，田野里，庭院中，哪儿都是我的家。

　　我的小主人把我种到土里后，我沉睡了几个月，等到一觉醒来，听到小主人对我说："小牵牛花，快快发芽吧！""啊！小主人，我也好期待见到你啊！"于是我便开始努力汲取养分，直到我的根插入土壤，我就要到上面的世界去啦！

小主人好像听到了我的话，她把我带到阳台，这里的阳光暖暖的，照在身上可舒服了！我开始长叶子了，当我努力长出第一片小叶子的时候，我的小主人轻轻抚摸着我，给我浇水，笑着对我说："小牵牛花，快快长高吧！"于是我拼命地长，长出了两片叶子，三片叶子……可是还只能软绵绵地躺在泥土上。小主人，我要攀着竹竿才能长高，快来帮帮我吧！

这时，小主人看到我的样子，好像听懂了我的话，拿出竹竿紧紧地插进土里。太好啦！我可以长高啦！第二天，我赶紧爬到竹竿上，抬头看着小主人。她一边摸着我新长的叶子，一边给我浇水。不久，伴着露水的滋润和阳光的照耀，我头上长出了紫色的花苞，快要开花啦！

可是有一天，太阳太大了，我又热又渴，小主人来和我说话，我只能无精打采地低着头。她一直看着我，没有说话，我很想告诉她："小主人，我好渴好热！"突然，她伸手摸了摸快要干透的泥土，又摸了摸我垂下来的花苞，惊慌地说："小牵牛，对不起，你渴了吧，我给你浇水！"马上，小主人端来了一大杯水给我，顿时让我又有了精神。"小主人，谢谢你听到了我的心声，救了我。"第二天清晨四五点的时候，我昂起头，吹响了喇叭，精神抖擞地迎接我的小主人。

xiǎo zǔ jiāo liú tǎo lùn
小组交流讨论

（1） "我"是谁？

_____

_____

（2） "我"软绵绵地躺在泥土上，是想告
诉小主人什么？

_____

_____

（3） "我"无精打采地低着头，叶子蔫蔫
的，是想告诉小主人什么？

_____

_____

_____

huó dòng　　jì yi jì
活动 1：记一记

（1）养一株牵牛花，记录牵牛花每天的成长状况，完成对牵牛花的照顾任务并写好观察日记。

时间	月日	月日	月日	月日	月日	月日
天气						
气温						
我对它的照顾						
我想对它说						

活 动 2：悄 悄 话 我 来 猜

cāi yi cāi　　xià miàn liǎng fú tú piàn zhōng de zhí wù xiǎng duì
猜 一 猜 ，下 面 两 幅 图 片 中 的 植 物 想 对

nǐ shuō shén me qiāo qiāo huà
你 说 什 么 悄 悄 话 ？

拓展 1：有趣的植物小故事

（1）大家都见过含羞草吧！它与一般植物不同，在受到外物触动时，叶柄下垂，小叶片闭合，此动作被人们理解为"害羞"，故此草被称为含羞草、知羞草、怕丑草。它垂下头并不是因为怕羞，而是因为受到震动后，叶枕下部细胞里的水分流走了！

（2）夜来香晚上放出香气可是有意图的哟！它是为了引诱长翅膀的"客人们"前来拜访，为它授粉。

拓展 2：推荐阅读

含羞草受到"攻击"的时候会闭上叶片，夜来香散发香气是为了吸引蜂蝶来为它授粉，除此之外你还想知道哪些植物内心的声音？推荐你读一读《枝言草语》这本书，你会听到更多植物的心声哟！

nǐ de tòng kǔ wǒ gǎn tóng shēn shòu
你的痛苦，我感同身受！

鱼对水说："你看不见我的眼泪，因为我在水中。"
水对鱼说："我能感觉到你的眼泪，因为你在我心中。"

梭子鱼的痛苦和尊严

2010年2月，在瑞士的苏黎世法院，当地一位著名律师哥切尔正在为他的一个不同寻常的客户进行辩护。

他的辩护对象是一条22磅重的梭子鱼。这条鱼在挣扎了10分钟后被渔夫捕获。哥切尔辩护的核心是：

渔夫将咬钩的梭子鱼钓上水面时花的时间过长，致使梭子鱼遭受过度的痛苦。

这样的疼痛，是人无法忍受的。同样，也是梭子鱼和其他许许多多的动物无法忍受的。如果动物这些过度的疼痛，是由人带来的，那么，人就应该对动物的疼痛承担责任。这是哥切尔的司法理念，同时也是他的博爱宣言。

这事还得从某天上午说起。这天，哥切尔来到他的律师事务所，他拿起一份报纸，一幅图片映入眼帘，他震惊了。一条足有 1 米长的梭子鱼，在一只鱼钩上苦苦挣扎。

他仿佛听到了鱼的呻吟声。鱼说："我很痛，求求你，放了我吧。"

哥切尔的内心也感到了疼痛。哥切尔说，此情此景，让他想到另一幅画面：一位非洲狩猎者，将一只大脚踩在鲜血淋漓的狮子头上……哥切尔感觉自己的心里也仿佛中了一枪，疼痛弥漫开来。眼前梭子鱼的疼痛折磨着他，他觉得必须有人要为这 10 分钟的煎熬和痛苦负责。

于是，他帮着动物保护组织起诉

了那位业余垂钓者，认为其涉嫌残害动物。他要告诉人们，必须以人道的方式捕猎。

······ ······

🌀 小组合作

小组交流讨论

nǐ néng gǎn shòu dào suō zi yú de tòng kǔ ma

（1）你能感受到梭子鱼的痛苦吗？

_____

_____

nǐ rèn wéi zhè cháng sù sòng de jié guǒ huì zěn yàng　rú guǒ

（2）你认为这场诉讼的结果会怎样？如果

nǐ shì fǎ guān　　nǐ huì rú hé pàn dìng

你是法官，你会如何判定？

_____

_____

huó dòng fáng
🌀 活动坊

diào yú zhě　　　suō zi yú
钓鱼者vs梭子鱼

rú guǒ nǐ shì diào yú zhě　　nǐ néng gǎn shòu dào suō zi yú

如果你是钓鱼者，你能感受到梭子鱼

de tòng kǔ ma　　rú guǒ nǐ shì suō zi yú　　nǐ xiǎng duì diào yú

的痛苦吗？如果你是梭子鱼，你想对钓鱼

zhě shuō shén me　　jù cǐ yǎn yí gè qíng jǐng jù

者说什么？据此演一个情景剧。

拓展营

拓展 1：小小行动者

趣味观察：你知道鱼是怎么吃东西的吗？鱼会不会睡觉？睡觉的时候会不会闭上眼睛？鱼又是怎么生宝宝的？选择以上你感兴趣的话题，去实际观察并查阅资料，将你所知道的写下来或画下来。

拓展 2：爱护环境，文明养宠

很多人都喜欢在小区或公园里遛狗，偶尔会有狗狗随地排便，甚至会出现狗吓人、伤人的现象。如果你要带宠物狗出门散步，你应该做好哪些准备？请为此次出行，写一份简单的计划。

第九课
善待脚下的土地

99

同学们，你爱我们美丽的家园吗？你觉得我们应该怎样保护我们美丽的家园，让我们脚下的每一寸土地都生机勃勃？

节约资源，从我做起

请看前方记者发来的最新消息：

消息一："根据联合国儿童基金会和世界卫生组织公布的联合报告，截至 2017 年，全球仍有 22 亿人无法获得安全饮用水。而我国属于缺水国家，全国已有 300 多个城市缺水，已有相当一部分人正在饮用不良水。"

消息二："1990 至 2015 年，地球上平均每小时就会消失 1000 个橄榄球场大小的森林面积。森林消失将会破坏我们的地球家园，让我们无家可归。"

科科看到了这两则消息，非常震惊，也非常苦恼！他一直在思考，我应该怎么做才能拯救我们的地球家园呢？

今天，科科参观了"绿生活·零废弃"体验馆。在体验馆里，他们首先体验了用"未来垃圾桶"将垃圾分类，接着他们体验了将菜叶变成神奇的酵素。他们还了解到，用600个易拉罐就可以制成一辆自行车；一块旧手机电池里的镉能污染60万升水，这些水可以装满3个标准游泳池；回收1吨废塑料可造800公斤塑料粒子，还可以节约500度电；回收1吨废纸可重新造出800公斤好纸，等于少砍17棵大树。听到这里，科科特别激动！、

科科下决心在以后的生活中，不仅自己要节约能源，还要把节约能源的小妙招分享给身边的朋友们，让大家都有环保意识，践行绿色生活。

xiǎo zǔ hé zuò
◎ 小组合作

xiǎo zǔ jiāo liú tǎo lùn
小组交流讨论

kē ke zài　　　　lù shēng huó　　　líng fèi qì　　tǐ yàn guǎn zhōng
（1）科科在"绿生活·零废弃"体验馆中

liǎo jiě dào nǎ xiē jié yuē zī yuán de miào zhāo
了解到哪些节约资源的妙招？

_____

_____

_____

nǐ hái zhī dào nǎ xiē jié yuē zī yuán de hǎo bàn fǎ
（2）你还知道哪些节约资源的好办法？

_____

_____

_____

huó dòng fáng
活动坊

wǒ shì jié yuē zī yuán de xiǎo néng shǒu
我是节约资源的小能手

zuò yí fèn jiā tíng jié yuē zī yuán de jì huà shū bìng hé nǐ de jiā
做一份家庭节约资源的计划书，并和你的家

rén yì qǐ zhí xíng
人一起执行。

计 划 书

拓展营
tuò zhǎn yíng

小小行动者
xiǎoxiǎoxíngdòngzhě

（1）下图的做法正确吗？在生活中你是怎么做的？你觉得你以后要怎样节约用水、用电？
xià tú de zuò fǎ zhèng què ma　zài shēng huó zhōng nǐ shì zěn me zuò de　nǐ jué dé nǐ yǐ hòu yào zěn yàng jié yuē yòng shuǐ　yòng diàn

（2）你见过这些标志吗？它们是什么意思？
nǐ jiàn guò zhè xiē biāo zhì ma　tā men shì shén me yì si

请节约用纸！

节约用电

（3）你知道什么是"世界水日""世界环境日"吗？和你的家人一起去了解一下吧，说一说你的体会。
nǐ zhī dào shén me shì　shì jiè shuǐ rì　shì jiè huán jìng rì　ma　hé nǐ de jiā rén yì qǐ qù le jiě yí xià ba　shuō yi shuō nǐ de tǐ huì

106

huó dòng yuán dì
活动园地（三）

107

亲 近 大 自 然

_{qīn jìn dà zì rán}

一、说一说：露营前的准备

_{shuō yi shuō　lù yíngqián de zhǔnbèi}

同学们，参加露营前，我们需要准备哪些物品呢？如何配合家长做准备？

二、听一听：大自然的声音

_{tīng yi tīng　dà zì rán de shēngyīn}

这次露营，你听到了哪些声音呢？

名 称	狗			
声 音	汪汪汪			
名 称				
声 音				

108

三、秀一秀：观察到的动植物

xiù yi xiù　guān chá dào de dòngzhí wù

同学们，这次露营，你们观察到了哪些动植物，把它们画下来，并和同学分享吧。

第十课
小小工具对我说

111

tóng xué men zài wǒ men de shēng huó
同学们，在我们的生活
zhōng yǒu gè zhǒng gè yàng de gōng jù nǐ zhī
中有各种各样的工具，你知
dào zěn me zhèng què de shǐ yòng tā men ma
道怎么正确地使用它们吗？
qí shí měi zhǒng gōng jù dōu néng gěi wǒ men de
其实每种工具都能给我们的
shēng huó dài lái biàn lì wǒ men yì qǐ lái
生活带来便利，我们一起来
kàn kan ba
看看吧。

鲁班造伞

很久以前，还没有伞。著名的工匠鲁班和几个木匠一起在路边造了许多亭子。亭子的顶尖尖的，四面用几根柱子撑住。大热天或下雨天，行人可以在下面躲一躲，歇一歇，喘口气儿。

可是鲁班想，人总不能待在亭

子里不走啊。要是能把亭子做得很小，让大家带在身上，该多好啊！

一天，天气热极了，鲁班看见许多小孩子在荷塘边玩，每个孩子的头上都顶着一张荷叶。鲁班问他们："你们为什么顶着荷叶呢？"小孩子七嘴八舌地说："太阳像个大火轮，我们头上顶着荷叶，就不怕晒了。"

鲁班拿过一张荷叶，仔细地瞧了又瞧。荷叶圆圆的，上面有许多叶脉，朝头上一罩，又轻巧，又凉快。

鲁班的心里一下亮堂起来。他赶紧跑回家去，找了一根竹子，劈成许多细条，照着荷叶的样子，扎了个架子；又找了一块羊皮，把它剪得圆圆的，蒙在竹架子上。

后来经过几次改造，这东西可以活动了，用时，就把它撑开；不用时，就把它收拢。

这就是我们最早的伞。

xiǎo zǔ jiāo liú tǎo lùn
小组交流讨论

（1）伞是受到什么启发发明的？它的用途是什么？

_____

_____

（2）为什么鲁班能发明出伞？

_____

_____

（3）请你试着说说如果没有伞，我们的日常生活会受到怎样的影响？

_____

_____

活动坊

活 动 1：圈 一 圈

wǒ men de shēng huó zhōng yǒu gè zhǒng gè yàng de fā míng qǐng nǐ quān chū
我们的生活中有各种各样的发明。请你圈出

zài jiào shì shǐ yòng de qīng jié gōng jù bìng jiè shào tā men de zuò yòng
在教室使用的清洁工具，并介绍它们的作用。

活动 2：说一说

我们的世界上有很多伟大的发明家，他们创造出许多新东西，为所有人带来便利。如：铅笔、橡皮、尺子等学习工具，抹布、扫把、拖把等清洁工具，自行车、火车、飞机等交通工具。

请你介绍一种最喜欢的工具，并说说理由。

拓展营

拓展 1：想一想

请你想想，在打扫、整理教室时，我们应该怎样摆放那些清洁工具才能既整齐又方便？你能试着设计一个摆放方案吗？

拓展 2：试一试

鲁班冥思苦想，照着荷叶的样子做了许多次，终于造出了能开、能收的伞。今天，木工师傅们用的木工工具，如锯、钻、刨子、铲子、曲尺，墨斗，据传都是鲁班在生产实践中得到启发，经过反复研究、试验，发明出来的。

请你尝试自己（或合作）制作、修理简单的工具，并谈谈感受。

dì shí yī kè
第十一课
měi huà wǒ de jiā yuán
美化我的家园

hǎi shuǐ lán lan　　tiān kōng míng jìng　　hé
海水蓝蓝，天空明净，河
liú qīng chè　　zhè shì mèngzhōng de jiā yuán ma
流清澈。这是梦中的家园吗？
tóng xué men　　nǐ wéi měi huà wǒ men de jiā yuán
同学们，你为美化我们的家园
zuò guo nǎ xiē shì qíng
做过哪些事情？

122

美丽的家园

我的家乡是个美丽的地方，我在这里生活、学习，对它有很深的感情。

这里有很多美丽的地方。公园里有柔软的草坪，有人在草坪上追逐嬉戏，有人在看书，人们尽情地享受着大自然赐予的绿色、阳光。

这里还有宽阔的海滨广场，我在那里溜冰、骑自行车、散步，度过了很多美好的时光。

这里有美丽的绿道，可供人们悠闲地骑自行车；有许多大型商场，购物方便；还有美丽的学校，我们在那里幸福地学习。我的家园很美丽，在这里生活真快乐！

我的家乡不仅美景多，美食也很多。我最喜欢的美食就是基围虾了。我外婆经常做基围虾给我吃。她做的白灼基围虾，肉脆鲜美。

我还喜欢吃蚝。一到吃蚝的季

节，外公就会买来又肥又大的生蚝给我们吃。那里的蚝肉汁鲜美，好吃到无法形容。

　　拥有美景、美食的家乡，需要更多的文明行为来装点。

　　作为小学生的我，可以从小事做起，从身边做起。我要学习环保知识，学会垃圾分类，把家里的垃圾分好类，扔进小区相应的垃圾桶里，洗手时注意节约用水，用完马上把水龙头关好。

　　文明是可以传递的。我要告诉爸爸妈妈，到市区尽量坐地铁，到一个离家很近的地方，尽量不开车，应走路或骑自行车。我要提醒同学，要节约用纸，草稿纸要正反两面用。

我爱我们的家园，让我们行动起来，美化我们的家园，把家乡变得更美丽、更文明，适合更多的人居住、生活和学习。

小组合作

小组交流讨论

（1） nǐ xǐ huān wǒ men de jiā yuán ma
你喜欢我们的家园吗？

_____

_____

_____

（2） wèi le wéi hù měi lì de jiā yuán wǒ men kě yǐ zuò xiē
为了维护美丽的家园，我们可以做些
shén me
什么？

_____

_____

_____

huó dòng　　　tiē yi tiē
活 动 ：贴 一 贴

bǎ nǐ shè jì de chéng shì wén míng biāo yǔ tiē zài zhè lǐ
把 你 设 计 的 城 市 文 明 标 语 贴 在 这 里 。

tuò zhǎn yíng
拓展营

tuò zhǎn　　shuō yi shuō
拓展 1：说一说

在上学的路上，你看到过哪些为我们的美好
环境辛苦付出的人？同学们之间相互说一说吧。

tuò zhǎn　　zuò yi zuò
拓展 2：做一做

和家人一起，到我们喜爱的地方，比如湿地
公园，做一次志愿者环保活动，保护我们美丽的
家园，让家乡永远美丽！

第十二课

tiào dòng de yīn fú
跳动的音符

同学们，你们喜欢音乐
吗？音乐是我们童年的朋
友，能给我们带来快乐和美
的享受。现在，就让我们一
起阅读故事，聆听音乐吧！

高山流水

在春秋时期，有一个名叫俞伯牙的人，很擅长弹琴，是天下闻名的琴师。有一次，俞伯牙有事乘船外出，走到半路，天突降大雨，船无法继续航行。俞伯牙就让船夫把船靠在了一座山脚下。

傍晚时分，雨过天晴，月亮也升

了起来，月光照在水波荡漾的江面上，景色非常优美。此情此景勾起了俞伯牙的雅兴，他对手下人说："赶快把我的琴拿来，我要畅快地弹奏一曲。"

俞伯牙凝思片刻，就专心地弹奏起来。美妙的琴声在静寂的夜中回荡着。忽然，俞伯牙瞥见岸上的一块大石边，站着一个人。他心中一惊，停止弹奏并大声问道："谁在那里？"

"大人不必吃惊，我叫钟子期，是住在附近的一个砍柴人。为了避雨，才躲在这儿的。您弹得太好了，所以我就听入迷了。"岸上的人回答道。

"难道一个在荒野里打柴的人，也能听懂我的琴声吗？他是不是在吹牛？"想到这里，俞伯牙就说："子期，我再弹一曲，请你说说看到了什么。"

俞伯牙凝思片刻，想起了高山雄伟的姿态，就弹了起来。一曲终了，只听子期感叹道："真美妙啊，我仿佛看见了高山的雄姿！"

俞伯牙不动声色，又弹了一曲。这次，他弹的是赞颂流水的曲子。一曲终了，只听子期又高兴地赞道：
"啊，真是太美妙了，我仿佛看见了可爱的流水。"

俞伯牙站起身，激动地对钟子期说："您说得很正确。以前，我常常悲叹，天下无人能够理解我的音乐。没想到，今日竟遇见了您这个知音。请上船来，让我们畅谈一番吧！"

从此，俞伯牙和钟子期就成了知己。后来，钟子期死了，俞伯牙在坟前悲叹道："子期一死，天下有谁是我的知音呢？我还要琴做什么呢？"说完，他就举起琴，把它砸碎了。

小组合作

小组交流讨论

（1）俞伯牙的音乐给钟子期带来了什么样的感受？

_____

_____

（2）钟子期死后，俞伯牙为什么把琴砸了？

_____

（3）你喜欢听音乐吗？音乐带给你什么感受？

_____

_____

活动坊

活动 1：音乐盛宴

一人一琴一知音，一生一曲一人听。《高山流水》是中国古代十大名曲之一，下面就让我们认真欣赏，做俞伯牙的"知音"吧！

活动 2：音乐舞台

知己是心有灵犀的默契，与地位、身份和财富无关。请同学们将伯牙、子期的故事演绎出来。

yīn lè xiǎodiàochá
音乐小调查

nǐ xǐ huān nǎ xiē gē qǔ　　diào chá yí xià　　nǐ jiā rén zuì xǐ huān
你喜欢哪些歌曲？调查一下，你家人最喜欢

de yīn yuè shì shén me　　zài kōng xiá de shí jiān　　yāo qǐng jiā rén yì qǐ líng
的音乐是什么？在空暇的时间，邀请家人一起聆

tīng měi miào de yīn yuè ba
听美妙的音乐吧！

你喜欢的歌曲	听完的感受	家人喜欢的歌曲	听完的感受

yǒu qù de jiǎn zhǐ wá
一、有趣的剪纸娃

dòng dong nǐ de xiǎo shǒu　　wǒ men yì qǐ lái jiǎn yí gè yǒu qù de zhǐ
动动你的小手，我们一起来剪一个有趣的纸

wá wa ba
娃娃吧！

剪纸方法

折 —— 画 —— 剪 —— 贴

将长方形红纸对折，折出对称轴　　用铅笔在对称轴的一边画出一半的娃娃轮廓　　从小到大，从细节到整体　　将剪好的娃娃贴在卡纸上

142

二、说说我的表现

同学们，你们可以给自己的纸娃娃取一个好玩的名字，并编个你与它之间的小故事。

三、贴一贴，谁最美

tóng xué men　　jiào shì lǐ de chuāng hù zhèng děng zhe dà jiā ne　　yì qǐ
同学们，教室里的窗户正等着大家呢，一起
lái bǎ wǒ men de zhǐ wá wa tiē zài jiào shì de chuāng hu shàng ba　　kàn kan shuí
来把我们的纸娃娃贴在教室的窗户上吧！看看谁
de zhǐ wá wa zuì měi lì
的纸娃娃最美丽！

生命关怀为本　幸福发展至上

　　帕克·帕尔默在《教学勇气》中强调："教师留在学生内心深处的一定是关怀和爱。学生或许记不住当年你曾教给他的知识，但你对他的关怀和爱，却让他刻骨铭心。"

　　人渴望被关怀的愿望无处不在，尤其是对于教育活动中的受教育者而言。关怀，本质上是一种关系。它最基本的表现形式是个体与个体、个体与自然之间的一种连接和接触。教育应当从关系入手，好的教育都是从关怀和信任关系的建立开始的。从某种意义上来说，教育者和受教育者之间的关怀关系能否建立将直接影响教育的成效，因为关怀是全部教育过程中的一个至关重要的问题。教育中的师生关系理应是一种充满了关怀和爱的特殊的人际关系。对于学生而言，当受到教师关怀时，他们内心的生命潜能会极大地被激发，使得他们愿意为给予自己关怀和爱的人而努力拼搏、积极向上。对于教师而言，最幸福的事莫过于看到学生对于自己关怀行为的接纳和回应，即自己的教育关怀促进了学生个体生命的成长。

"小学生生命关怀书系"作为全国教育科学"十三五"规划课题"基础教育学校关怀文化培育的实践研究"（课题批准号 FHB180604）的研究成果，以关怀教育为着力点，让个体生命在与他人遇见、连接、理解中不断开放和敞亮自我，重视彼此生命的体验和感受，建立彼此平等、信任、自在的"我—你"关系，让个体生命在"经历"和"体验"中学习关怀的知识以及习得关怀的能力。一个拥有关怀力的个体生命才有可能与他人构建健康的、友善的、温情的、充满了关怀和爱的关系，也才更容易感受到来自他人的关怀和爱。在充满关怀和爱的关系中，个体双方彼此都乐于倾听、乐于了解、乐于分享、乐于共担，继而才有可能获得完整幸福的人生。正如内尔·诺丁斯所说："幸福就是知道有许多人爱我，我也爱许多人。"

"小学生生命关怀书系"总计有六册，每年级一册，既可以作为校本教材使用，也可以作为学生的课外阅读书籍。本书系旨在培养学生的关怀素养和关怀能力，让个体生命在拥有了关怀力后变得"诚实、谦逊、接纳、包容、感恩、充满希望"。本书系根据小学生身心成长特点和教育发展规律，按照六大主题进行编写。

第一册：《我的微笑很灿烂》。本册的主题是微笑。微笑是人类最美的语言，也是全世界的通用语言。不同种族、不同年龄的人都能接收到微笑所表达的善意、鼓励、宽容和期待。一个始终对他人、对世间万物保持微笑的人才有可能以积极、乐观的心态面对人生路上的一切艰难险阻，才能最终获得人生的幸福。通过本册书的学习，学生学会向自己、向他人、向世间万物发出来自心底的微笑，借由微笑释放关怀信号，传递善意，释放爱心和温暖。

第二册：《你的声音很动听》。本册的主题是倾听。歌德认为："对别人述说自己，这是一种天性；认真对待别人向你叙说他自己的事，这是一种教养。"倾听既是一种教养，也是对他人的尊重、理解和支持。通过本册书的学习，培养学生学会倾听自己、倾听他人、倾听世间万物述说的习惯和能力，使学生能够接受来自他人的意见、建议、关注和关爱，并能予以积极友善的回应。

第三册：《我的关怀很温暖》。本册的主题是遇见。一生中，我们会遇见父母、亲人、老师、同学、朋友和世间的万事万物，所有的相遇都会形成一种关系。通过本册书的学习，培养学生感受关怀和爱的能力，鼓励学生用心去感受各种关系中所释放出来的温暖与善意，能心随身到，设身处地与他人、他物共情。

第四册：《你的心意很温馨》。本册的主题是理解。理解是构建个体与个体之间良好关系的关键。多一分理解，就多一分温暖；多一分理解，就多一分感动；多一分理解，就多一分融洽；多一分理解，就多一分美好。通过本册书的学习，使得学生明白理解永远是相互的，在理解他人善意和关怀的同时，打开自己的身心，释放自己的善意与回应，各自的生命状态才会出现积极可喜的变化，个体生命之间才能建立关怀关系。

第五册：《我的成长很快乐》。本册主题是悦纳。成长是个体生命的必经之路，人的成长没有既定的路径图，个体在各自的生命成长中都会体会到不同的快乐、不同的烦恼以及相似的痛苦经历。通过本册书的学习，使得学生可以从他人的成长经历中获得借鉴、汲取经验，从而可以悦纳自我和他人，在悦纳中感悟人生的真谛，在克服困难中不断成长为最好的自己，并享受自我成长的快乐。

第六册：《你的梦想很美丽》。本册主题是憧憬。每个人都拥有对未来的憧憬，可是"未来不是我们要去的地方，而是需要我们去创造的地方"。通过本册书的学习，使得学生不仅能够正确地认识自我、认识世界、认识未来，还能积极地做好身心各方面的准备，主动地去拥抱未来、创造未来。

"小学生生命关怀书系"的编写，得到了很多专家和同人的大力支持。首先，我要感谢中国教育学会常务副会长刘堂江先生、南京师范大学资深教授班华先生、北京师范大学教育学部学术委员会主席檀传宝教授、教育部教育发展中心副主任陈如平研究员、深圳市罗湖教科院附属学校校长李隼博士，感谢他们对本书系的编写给予的大力支持和精心指导；其次，我要感谢黄蓓红、王杰、吴湘梅、范莹媛、王凯莉、何佳华、曹聪、胡禛、杨秋玲、李亚文、饶珊珊、毛婷婷、陈怀超，感谢他们在编写过程中不辞辛劳多方查找资料所付出的辛勤劳动；书中精美的插图是由陈怀超、万逸琳、余启健、黄惠慈所绘，在此一并表示感谢；我还要感谢知识出版社社长姜钦云先生，当我刚有编写这套书的设想时就得到了他的高度认同和鼓励，他还从一个出版人的角度给出了宝贵的专业意见；最后，我特别要感谢檀传宝教授在百忙中为本书系所作的序言，作为国内倡导、研究关怀教育第一人，檀传宝教授不仅帮助我们厘清了关怀教育的真谛，还勉励我们在教育教学实践中努力探索实现真正有效的关怀。

英国著名教育家怀特海认为："教育的目的在于激发和引导学生走上自我发展之路。"而关怀则是激发和引导学生走上自我发展之路的最佳途径之一。沉浸在爱和关怀的氛围中，个体生命的潜能是无限的。我相信，"小学生生命关怀书系"在给学生们的童年生活带来难忘的体验的同时，也将促使他们学会关怀自我，关怀他人，关怀知识，关怀自然和物质世界，在他们个体生命成长过程中留下永恒的记忆。相信他们在今后的人生道路上，只要拥有了关怀力，不论遇到任何艰难险阻，都能保持积极乐观的心态去解决问题，创造属于自己的未来。

李　唯

2021 年 2 月　于深圳